HISTORIETAS JUVENILES:
MITOLOGÍAS ™

MITOLOGÍA GRIEGA

Jasón y el vellocino de oro

Glenn Herdling

Traducción al español:
José María Obregón

PowerKiDS press.
& **Editorial Buenas Letras** ™
New York

To my hero, Mark—may your future be an endless quest of self-discovery.

Published in 2009 by The Rosen Publishing Group, Inc.
29 East 21st Street, New York, NY 10010

First Edition

Editors: Daryl Heller and Julia Wong
Spanish Edition Editor: Mauricio Velázquez de León
Book Design: Greg Tucker
Illustrations: Q2A

Library of Congress Cataloging-in-Publication Data

Herdling, Glenn.
  [Greek mythology. Spanish]
  Mitología griega : Jasón y el vellocino de oro / Glenn Herdling ; traducción al español, José María Obregón. – 1st ed.
    p. cm. – (Historietas juveniles. Mitologías)
  Includes index.
  ISBN 978-1-4358-8568-4 (library binding) – ISBN 978-1-4358-3330-2 (pbk.)
  ISBN 978-1-4358-3331-9 (6-pack)
  1. Jason (Greek mythology)–Juvenile literature. I. Obregón, José María, 1963- II. Title.
  BL820.A8H4718 2010
  398.20938'02–dc22

                                        2008055413

Manufactured in the United States of America

CONTENIDO

PERSONAJES PRINCIPALES

Jasón *era el hijo de Esón, rey de Yolcos. Jasón fue el líder de los argonautas en la búsqueda del vellocino de oro. El vellocino de oro era la piel de un carnero dorado que alguna vez había salvado la vida de Frixo, primo de Jasón.*

Hera *era la reina de los dioses griegos. Hera estaba casada con Zeus, quien era el rey de los dioses griegos. Hera era la diosa del matrimonio y las mujeres. Hera cuidaba de las mujeres cuando tenían hijos.*

Afrodita *era la diosa griega del amor y la belleza. Afrodita era la madre de Eros, quien era también el dios del amor. Afrodita y Eros ayudaban a la gente a enamorarse.*

Medea *era la hija de Eetes, rey de Cólquida. Medea tenía poderes mágicos que usó para ayudar a que Jasón obtuviera el vellocino de oro. Medea además ayudó a matar a Pelias, el tío de Jasón, al engañar a sus hijas a cortarlo en pedazos.*

JASÓN Y EL VELLOCINO DE ORO

EN LA ANTIGUA GRECIA, QUIRÓN, EL **CENTAURO** LE HABLABA A JASÓN SOBRE SU PASADO.

PELIAS, TU TÍO, LE ROBÓ EL REINO DE YOLCOS A TU PADRE. LUEGO, PELIAS MANTUVO A TU PADRE, ESÓN, COMO SU PRISIONERO.

TU MADRE TE ENVIÓ AL BOSQUE PARA QUE YO TE CUIDARA. ¡PERO AHORA DEBES RESCATAR TU REINO DE MANOS DE TU TÍO.

MIENTRAS TANTO UN **ORÁCULO** LE DECÍA AL REY PELIAS QUE MORIRÍA A MANOS DE SU PROPIA FAMILIA.

TEN CUIDADO DEL HOMBRE CON UNA SANDALIA.

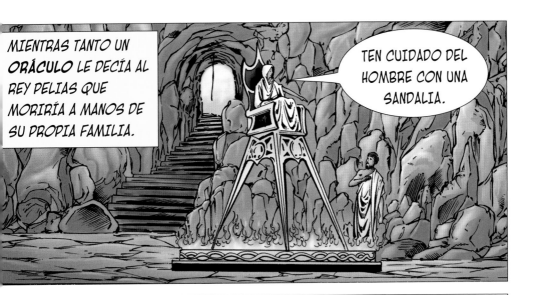

DE CAMINO A YOLCOS JASÓN, SE ENCONTRÓ CON LA DIOSA HERA. HERA SE HABÍA CONVERTIDO EN UNA VIEJA MUJER. CUANDO JASÓN LA AYUDÓ A CRUZAR EL RÍO, JASÓN PERDIÓ UNA SANDALIA.

LOS DIOSES TE PAGARÁN POR TU BONDAD.

CUANDO JASÓN LLEGÓ A YOLCOS EL REY PELIAS FUE A RECIBIRLO. PELIAS SE PREOCUPÓ AL VER QUE JASÓN SÓLO TENÍA UNA SANDALIA.

¡VENGO A RECLAMAR YOLCOS Y A LIBERAR A MI PADRE!

JASÓN REUNIÓ A LOS HOMBRES MÁS VALIENTES, CONOCIDOS COMO LOS ARGONAUTAS. ALGUNOS DE LOS ARGONAUTAS ERAN HIJOS DE LOS DIOSES Y TENÍAN PODERES ESPECIALES.

LOS ARGONAUTAS ZARPARON DE GRECIA EN UN BARCO LLAMADO ARGO.

SEMANAS MÁS TARDE EL ARGO LLEGÓ A UNA ISLA. EL DIOS HÉRCULES DEJÓ EL BARCO EN BUSCA DE UN REMO NUEVO. HILAS, SU AYUDANTE FUE CON ÉL.

IRÉ CONTIGO, HÉRCULES, PARA BUSCAR AGUA DULCE PARA LA TRIPULACIÓN.

HILAS ENCONTRÓ UN MANANTIAL, PERO NO SE DIO CUENTA DE QUE UN **HADA** DEL AGUA VIVÍA AHÍ.

¡DESEO BESARTE!

¡NO! NO PUEDO RESPIRAR, ¡GLUB!

MIENTRAS HÉRCULES BUSCABA A HILAS, EL ARGO ZARPÓ SIN ÉL.

¡HILAS!

EN LAS ORILLAS DE SALMIDESO, LOS ARGONAUTAS ENCONTRARON AL REY FINEO.

HE HECHO ENOJAR A LOS DIOSES. CADA NOCHE ZEUS ENVÍA A LAS **ARPÍAS** A ROBAR MI COMIDA.

JASÓN, SI ME LIBERAS DE LAS ARPÍAS, TE DIRÉ COMO ENCONTRAR EL VELLOCINO DE ORO.

JASÓN ENVÍO A DOS DE LOS ARGONAUTAS, CÁSTOR Y PÓLUX, A SALVAR A FINEO.

LAS ARPÍAS SE COMÍAN TODO LO QUE TENÍA FINEO Y VOLABAN PARA ESCAPAR. CÁSTOR Y PÓLUX PERSIGUIERON A LOS MONSTRUOS Y LOS MATARON EN EL AIRE.

FINEO LE DIO A LOS ARGONAUTAS UN CONSEJO.

DEBEN CUIDARSE DE LAS ROCAS AZULES.

ESTAS ROCAS CHOCAN UNAS CONTRA OTRAS EN EL OCÉANO. ENVÍEN UNA PALOMA PRIMERO. SI LA PALOMA PASA SIN PELIGRO, ENTONCES PODRÁN CRUZAR.

LOS ARGONAUTAS ZARPARON AL DÍA SIGUIENTE. MUY PRONTO SE ENCONTRARON CON LOS PEÑASCOS AZULES.

¿CÓMO PASAREMOS LOS PEÑASCOS? ¡MORIREMOS EN EL INTENTO!

VE MI AMIGA ALADA. ¡QUE LOS DIOSES TE AYUDEN A PASAR SANA Y SALVA.

EL AVE ATRAVESÓ LAS ROCAS AZULES, A PARECER, SANA Y SALVA.

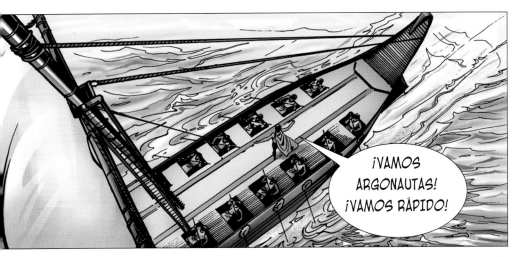

LOS ARGONAUTAS NAVEGARON HACIA CÓLQUIDA. AL AMANECER LLEGARON A LA COSTA DE LA TIERRA DEL VELLOCINO DE ORO.

MIENTRAS TANTO EN EL MONTE OLIMPO, HERA SE PREOCUPABA POR JASÓN.

AFRODITA, JASÓN NECESITA AYUDA PARA RESCATAR EL VELLOCINO DE ORO.

QUIZÁS PUEDAS HACER QUE LAS HIJAS DEL REY LE AYUDEN.

MI HIJO EROS ES EL ADECUADO PARA ESTO. EROS ES UN GRAN CASAMENTERO.

AFRODITA LE PIDIÓ A EROS QUE HICIERA QUE MEDEA, LA HIJA DEL REY DE CÓLQUIDA, SE ENAMORARA DE JASÓN.

LOS ARGONAUTAS ENTRARON A CÓLQUIDA Y FUERON AL PALACIO DEL REY EETES.

REY EETES, SOY JASÓN. HE VENIDO POR EL VELLOCINO DE ORO PARA LLEVARLO A MI TIERRA.

EROS LANZÓ UNA FLECHA A MEDEA. DE PRONTO, MEDEA SINTIÓ TIMIDEZ, Y SE FUE APRESURADA A SU HABITACIÓN.

EL REY EETES INVITÓ A LOS ARGONAUTAS A CENAR CON ÉL.

DÍGANME, ¿A QUÉ HAN VENIDO?

HEMOS VENIDO POR EL VELLOCINO DE ORO. A CAMBIO, TE DAREMOS LO QUE NOS PIDAS.

LES DARÉ EL VELLOCINO SI PASAN ESTA PRUEBA. DEBEN **ARAR** UN CAMPO CON DOS TOROS QUE RESPIRAN FUEGO. LUEGO SEMBRARÁN SEMILLAS CON LOS DIENTES DE UN DRAGÓN.

JASÓN, DÉJAME PASAR ESTE RETO.

NO, ÉSTA ES UNA PRUEBA PARA MÍ. ADEMÁS CREO QUE TENEMOS UNA AMIGA EN EL PALACIO QUE ES TAN BELLA COMO PODEROSA.

JASÓN VISITÓ A MEDEA EN SU HABITACIÓN.

TU BELLEZA ME DARÁ LA FUERZA PARA RESOLVER EL RETO.

OH, JASÓN, NECESITARÁS MÁS QUE BELLEZA PARA OBTENER EL VELLOCINO.

ESTA **LOCIÓN** MÁGICA TE CUIDARÁ.

FRÓTALA EN TU CUERPO Y EN TUS **ARMAS**. CUANDO LOS HOMBRES CON DIENTES DE DRAGÓN TE ATAQUEN, TÍRALES UNA ROCA. ESO HARÁ QUE SE ATAQUEN A SÍ MISMOS.

NUNCA TE OLVIDARÉ, MEDEA.

AL DÍA SIGUIENTE, JASÓN ENFRENTÓ
A LOS TOROS QUE RESPIRAN FUEGO.

JASÓN **IGNORÓ** LAS LLAMAS Y FORZÓ
A LOS TOROS EN SUS **ARNESES**.

LUEGO, JASÓN ARROJÓ LOS DIENTES
DE DRAGÓN EN LA TIERRA.

CADA DIENTE SE CONVIRTIÓ DE INMEDIATO EN UN GUERRERO.

JASÓN ARROJÓ UNA ROCA A LAS CRIATURAS.

LOS HOMBRES CON DIENTES DE DRAGÓN SE COMENZARON A ATACAR A SÍ MISMOS HASTA QUE NO QUEDÓ NINGUNO EN PIE.

AL REY EETES NO LE GUSTÓ QUE JASÓN HUBIERA GANADO.

¡DESTRUIRÉ A LOS ARGONAUTAS!

AQUELLA NOCHE, MEDEA VISITÓ A JASÓN EN EL ARGO.

JASÓN, DEBES TOMAR EL VELLOCINO E IRTE DE INMEDIATO. ¡YO TE AYUDARÉ!

MEDEA Y JASÓN ESCALARON HASTA EL ÁRBOL EN EL QUE ESTABA EL VELLOCINO DE ORO.

CON UNA CANCIÓN, MEDEA PUSO A DORMIR AL DRAGÓN QUE CUIDABA EL VELLOCINO. AMBOS ESCAPARON CON EL VELLOCINO DE ORO HACIA EL ARGO.

EETES ENVIÓ A SU ARMADA
TRAS EL ARGO. LOS
ARGONAUTAS REMARON A
TODA VELOCIDAD Y
LOGRARON ESCAPAR.

FINALMENTE EL ARGO REGRESÓ A CASA.
JASÓN SE DESPIDIÓ DE SUS AMIGOS.

AQUELLA NOCHE MEDEA PUSO UNA **PÓCIMA** PARA DORMIR EN EL AGUA DE PELIAS. LAS HIJAS DE PELIAS ESTABAN PREPARADAS PARA MATARLO.

CUANDO LAS HIJAS TERMINARON, LLAMARON A MEDEA PARA QUE LAS AYUDARA CON PELIAS.

¡SU PADRE ESTARÁ FELIZ DE SER JOVEN NUEVAMENTE!

¡MEDEA!

¡SE HA IDO! ¡NOS HAN ENGAÑADO!

LA VENGANZA DE JASÓN FUE UN ÉXITO.

FIN

ÁRBOL GENEALÓGICO

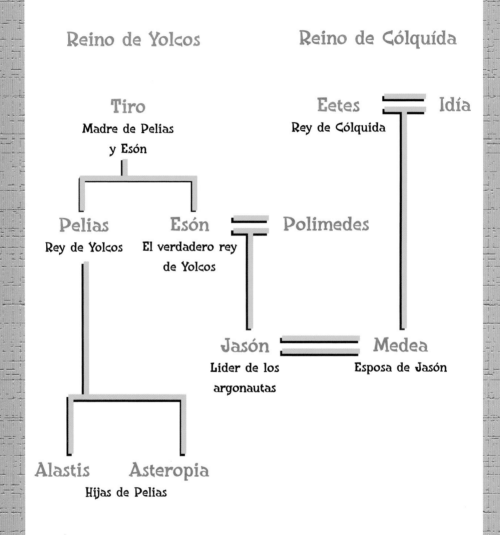

Reino de Yolcos

Reino de Cólquída

Tiro
Madre de Pelias
y Esón

Eetes
Rey de Cólquida

Idía

Pelias
Rey de Yolcos

Esón
El verdadero rey
de Yolcos

Polimedes

Jasón
Lider de los
argonautas

Medea
Esposa de Jasón

Alastis

Asteropia
Hijas de Pelias

GLOSARIO

arar Cortar y abrir la tierra para sembrar.

armas (las) Objetos que se usan para matar o herir.

arneses (los) Las correas de cuero que se usan para atar los caballos y otros animales a las carretas.

Arpías (las) Animales voladores con rostro de mujer y cuerpo de ave de rapiña.

casamentero, a (el/la) Persona que une a dos personas para que se enamoren.

centauro (el) Criatura que es mitad hombre y mitad caballo.

hada (la) Un ser con poderes mágicos.

ignorar No poner atención.

loción (la) Un líquido que se pone en la piel.

oráculo (el) Una persona que puede ver eventos que no han sucedido todavía.

pócima (la) Un líquido con poderes mágicos.

venganza (la) La acción de herir a alguien que te ha herido.

ÍNDICE

PÁGINAS EN INTERNET

Debido a los constantes cambios en los enlaces de Internet, Rosen Publishing Group, Inc. mantiene una lista de sitios en la red relacionados con el tema de este libro. Esta lista se actualiza regularmente y puede ser consultada en el siguiente enlace:

www.powerkidslinks.com/myth/jason/